Connais-tu

Al Capone

Connais-tu

Al Capone

Textes : Johanne Ménard
Illustrations et bulles : Pierre Berthiaume

ÉDITIONS
MICHEL
QUINTIN

Catalogage avant publication de Bibliothèque et Archives nationales du Québec et Bibliothèque et Archives Canada

Ménard, Johanne, 1955-

  Al Capone

  (Connais-tu? ; 15)
  Pour les jeunes de 8 ans et plus.

  ISBN 978-2-89435-619-7

  1. Capone, Al, 1899-1947 - Ouvrages pour la jeunesse. 2. Criminels - Illinois - Chicago - Biographies - Ouvrages pour la jeunesse. I. Berthiaume, Pierre, 1956- . II. Titre. III. Collection : Connais-tu? ; 15.

HV6248.C17M462 2014   j364.1092   C2014-940339-9

Collaboration aux idées de gags : Maude Ménard-Dunn
Révision linguistique : Paul Lafrance
Conception graphique : Céline Forget
Infographie : Marie-Ève Boisvert

 Le Conseil des Arts du Canada
The Canada Council for the Arts

 Québec

Patrimoine canadien

Canadian Heritage

La publication de cet ouvrage a été réalisée grâce au soutien financier du Conseil des Arts du Canada et de la SODEC.

De plus, les Éditions Michel Quintin reconnaissent l'aide financière du gouvernement du Canada par l'entremise du Fonds du livre du Canada pour leurs activités d'édition.

Gouvernement du Québec – Programme de crédit d'impôt pour l'édition de livres – Gestion SODEC

ISBN 978-2-89435-619-7
Dépôt légal – Bibliothèque et Archives nationales du Québec, 2014
        Bibliothèque et Archives Canada, 2014

© Copyright 2014

Éditions Michel Quintin
4770, rue Foster, Waterloo (Québec)
Canada J0E 2N0
Tél.:   450 539-3774
Téléc.: 450 539-4905
editionsmichelquintin.ca

1 4 - A G M V - 1

Imprimé au Canada

Alphonse Gabriel Capone naît en 1899 à Brooklyn, à l'époque un quartier dur de la ville de New York. Ses parents qui ont immigré de l'Italie travaillent fort pour élever leurs neuf enfants. La famille s'entasse dans

un petit logement au-dessus du salon de barbier de papa Capone. La rue est le terrain de jeu des enfants, où il faut apprendre à se défendre.

C'est là que, tout jeune, Al fait la rencontre d'un voisin qui aura une grande influence sur lui. Johnny Torrio est un patron de la pègre qui contrôle le quartier.

Prenant Al sous son aile, il lui confie parfois de petites missions.

À cette époque, on entretient des préjugés contre les immigrants à l'école. Et les parents de ce milieu pensent souvent que les enfants devraient travailler le plus tôt possible. Rien pour encourager le jeune

Al dans ses études. À 14 ans, c'en est fini pour lui des bancs d'école. Il est renvoyé pour avoir frappé son enseignante qui le réprimandait.

VOYEZ DONC QUI ME REND VISITE. COMME C'EST GENTIL!

Al occupe d'abord de petits boulots comme commis dans un magasin de bonbons et dans un salon de quilles. Mais les gangs de rue ne sont jamais loin. Avec des noms comme les Éventreurs de

South Brooklyn ou les Quarante Voleurs juniors, on se doute un peu que les bandes dont fait partie Al aiment bien la bataille et les mauvais coups.

Une des bandes célèbres est le Five Points Gang, dirigé par Frankie Yale, un spécialiste des contrats d'assassinat. John Torrio, qui vit maintenant à Chicago, recommande Al auprès de Frankie.

C'est ainsi que le jeune homme de 18 ans devient barman et videur au Harvard Inn, propriété du violent mafioso.

Un jour qu'Al sert aux tables, il voit entrer une jolie jeune femme au bras d'un homme. Il ignore que celui-ci est son frère, et il va regretter amèrement la remarque grivoise qu'il fait alors à la belle.

Sortant son couteau, le frère insulté entaille la joue gauche d'Al en trois endroits. Ces cicatrices vaudront à Al Capone le surnom de *Scarface*, qui signifie « le Balafré ».

À 19 ans, Al Capone épouse une jeune Irlandaise, Mae Coughlin, dont il aura un fils prénommé Sonny. Le parrain du garçon est nul autre que Torrio.

Dans l'espoir de mener une vie respectable, Al déménage sa petite famille à Baltimore. Il s'occupe de la comptabilité dans une entreprise de construction.

Mais l'expérience est de courte durée car le goût
du pouvoir et de l'argent facile est tenace. Torrio
encourage Al à venir le rejoindre à Chicago, où il
y a beaucoup d'occasions de bons coups pour

un escroc. C'est à cette époque aussi que meurt le père de Capone et que disparaît avec lui l'autorité parentale.

En 1920 est votée la loi sur la prohibition. Afin de réduire l'alcoolisme et d'encourager les gens à travailler davantage, le gouvernement interdit toute

boisson alcoolisée. Cette loi avantage les gangsters, qui font des affaires d'or en vendant illégalement le populaire liquide.

Avec ses connaissances en affaires et son caractère brutal, Al Capone devient vite le bras droit de Torrio. Gérant du quartier général de son patron, le jeune

mafieux gagne plus de 25 000 $ en 1922, une très grosse somme puisque le salaire moyen est alors de 1 000 $ par année.

Soucieux de préserver les apparences, Capone prétend être marchand de meubles usagés. C'est le côté respectable qu'il présente à ses voisins dans le quartier chic de Chicago où il a installé sa famille.

26

En plus de sa femme et son fils, la maison qu'il a fait construire abrite sa mère, deux de ses sœurs et la famille de son frère.

En 1923, le nouveau maire de Chicago fait fermer 700 bars clandestins. Torrio et Capone déménagent alors leur quartier général dans une banlieue

appelée Cicero. Boîtes de nuit, bars clandestins, maisons de jeu se multiplient, et l'argent aussi.

En 1924, lors d'une journée d'élection à Cicero, Al Capone et sa bande terrorisent les gens. Ils veulent s'assurer qu'ils votent pour le candidat qui est de leur côté. Les policiers interviennent, habillés en civil, dans

des voitures sans marques distinctives. Frank, le frère d'Al, prend les agents pour une bande adverse. Il tente de sortir son revolver et est abattu de plusieurs balles. Son corps est abandonné sur le trottoir.

Les funérailles sont grandioses, avec des montagnes de fleurs, et la foule est nombreuse. Al est très en colère. Les mesures de sécurité autour du quartier

général du gang sont renforcées. Des volets blindés sont installés. Des gardes armés sont postés en permanence aux entrées.

L'année 1925 marque une date importante pour Al Capone. Son associé Torrio est gravement blessé au cours d'une fusillade et décide de se retirer des « affaires ». Capone devient alors le chef suprême

du gang. Avec une police corrompue et des dizaines d'hommes de main pour faire régner la terreur, Chicago est sous le joug du Balafré.

Dans les années qui suivent, l'empire d'Al Capone s'étend. Trafic d'alcool, tripots, cabarets et maisons

closes se multiplient. En 1927, on évalue les revenus du gang à plus d'un million de dollars par année.

Al Capone mène grand train. Immenses baignoires,
gros diamants, habits de luxe, rien n'est trop beau.
Ses proches le surnomment *Snorky*, ou l'Élégant.
Pour camoufler ses balafres, le coquet porte une

épaisse couche de poudre sur tout le visage.
Lorsqu'il se fait photographier, il présente le
côté droit, qui est sans cicatrices.

Mais Al Capone a plusieurs ennemis. Il en veut particulièrement au chef d'un gang irlandais. Une embuscade est organisée. Des hommes de Capone déguisés en policiers pénètrent dans un repaire

des Irlandais, prétextant qu'ils sont à la recherche d'alcool de contrebande. Ils alignent sept hommes bras en l'air et face contre mur et les criblent d'une centaine de balles.

Cet épisode sanglant, qui a lieu le 14 février 1929, est baptisé le massacre de la Saint-Valentin. Arrivé en retard, le chef du gang ennemi s'en sort indemne. Al Capone a un alibi en béton. Il était en Floride

42

pour construire une maison d'été. Mais les gens savent qu'il est responsable et le voient maintenant comme cruel et violent.

Pour calmer l'opinion publique, Capone est arrêté
un peu plus tard sous un prétexte moins grave.
L'accusation est arrangée avec le chef de police.
Capone se met ainsi à l'abri pour un temps,

car il a échappé à plusieurs tentatives de meurtres dernièrement. De la prison, il continue de gérer ses affaires. Sa cellule est décorée de tapis et de meubles anciens.

À sa sortie de prison quelques mois plus tard, c'est la crise économique. Afin de redorer son image auprès du public, il organise une soupe populaire pour les gens sans travail. Mais Al Capone, 31 ans, est maintenant

46

fiché comme ennemi public numéro un, et les autorités cherchent par tous les moyens à le mettre hors circuit, ainsi que son gang.

C'est alors qu'entre en action Eliot Ness, agent du trésor américain, et son équipe d'élite, qu'on surnommera les Incorruptibles. Les écoutes téléphoniques et les raids portent leurs fruits.

En seulement six mois, Eliot Ness et ses Incorruptibles interceptent pour un million de dollars d'alcool de contrebande.

Frank J. Wilson, du service des impôts, est un autre acteur important dans la stratégie. Si on ne peut pas prouver tous les meurtres que Capone a ordonnés

ou commis lui-même ni toutes ses activités illégales, on va chercher à démontrer qu'il dépense beaucoup plus que ce qu'il déclare comme revenu.

Le 5 juin 1931, Al Capone est accusé de fraude fiscale. Ses avocats essaient par toutes sortes de magouilles de lui éviter une condamnation, entre

autres en achetant le jury à son procès. Mais le juge, plus rusé, échange le jury avec celui d'un autre procès à la dernière minute.

Le 17 octobre 1931, le célèbre mafioso est condamné à 11 ans de prison. D'abord écroué à la prison d'Atlanta, Al Capone continue de se comporter en

seigneur et de distribuer des pourboires aux
gardiens. Un de ses codétenus cache pour lui
des milliers de dollars dans un manche à balai.

La vie en prison change bientôt du tout au tout.
Transféré au sinistre pénitencier d'Alcatraz, Capone
n'a plus aucun pouvoir. Il est un prisonnier comme
les autres. Réservé aux criminels les plus dangereux,

Alcatraz est situé sur une île au large des côtes. Pas de journaux, pas de visite d'amis, courrier censuré. C'en est bien fini du règne du puissant malfaiteur.

En 1938, c'est un homme brisé qui est transféré dans l'aile psychiatrique d'une autre prison. La syphilis qu'il a contractée plusieurs années auparavant attaque

maintenant son cerveau et ses capacités mentales.
La pénicilline, avec laquelle on soignera plus tard
cette maladie, est encore très rare à cette époque.

Libéré en 1939, Al Capone s'installe à Palm Beach, en Floride, dans sa maison de campagne. L'homme aux facultés affaiblies meurt en janvier 1947 après une crise

d'apoplexie, une pneumonie et finalement une crise cardiaque. Il est enterré près des siens dans un cimetière de Chicago.

La vie d'Al Capone ne fait pas partie de ces histoires édifiantes de héros. Pourtant, elle raconte une époque importante de l'histoire américaine. La pègre reste aujourd'hui plus présente que jamais.

Les gangs forment des réseaux qui communiquent facilement entre eux partout dans le monde, ce qui complique la tâche des policiers.